Ten Godly Leadership Essentials

Andrew Wommack

리더십의
10가지
핵심요소

앤드류 워맥 지음 | 반재경 옮김

믿음의말씀사

Ten Godly Leadership Essentials
ISBN : 978-1-5954-8570-0
Copyright ⓒ 2023 by Andrew Wommack
Published by Harrison House Publishers
Tulsa, Oklahoma
www.harrisonhouse.com

Korean, Korea Edition Copyright
ⓒ 2024 by Word of Faith Co.
All rights reserved.

리더십의 10가지 핵심요소

발행일   2024. 3. 29 1판 1쇄 발행
        2025. 4. 25 1판 2쇄 발행

지은이   앤드류 워맥
옮긴이   반재경
발행인   최순애
발행처   믿음의말씀사
2000. 8. 14 등록 제 68호
우) 18365 경기도 화성시 만년로 915번길 27 B동
Tel. 031) 8005-5483 Fax. 031) 8005-5485
http://faithbook.kr

ISBN 979-11-981352-3-0 03230
값 6,000원

본 저작물의 저작권은 '믿음의말씀사' 가 소유합니다.
저작권법에 의해 보호를 받는 저작물이므로 무단 전재와 복제를 금합니다.

| 목차 |

서문 _ 9

01 리더십의 토대 _ 13
02 겸손 _ 17
03 성숙한 인격과 견고한 도덕성 _ 25
04 하나님의 음성을 듣는 것 _ 31
05 비전 _ 35
06 기름부음 _ 41
07 인내 _ 45
08 포기하지 말라 _ 53
09 핍박과 비난을 이기라 _ 57
10 위임 _ 61

결론 _ 65
예수님을 구주로 영접하는 기도 _ 67
성령세례를 받는 기도 _ 69
저자 소개 _ 72

서문

하나님의 뜻에 합당한 리더가 되려면 무엇이 필요할까요? 대부분의 사람들은 "비전, 카리스마, 용기" 또는 그 외에 많은 것들이 필요하다고 말합니다. 그 말도 맞습니다. 그런 것들도 분명히 필수적인 요소입니다. 하지만 하나님의 뜻에 합당한 리더십은 그것보다는 더 깊은 데 뿌리를 두고 있습니다. 그런데 안타깝게도 대부분의 사람들은 리더십의 근원이 아니라 겉으로 드러나는 리더십의 현상에만 집중합니다.

제가 들었던 그 어떤 리더십에 관한 설교, 또는 제가 참석했던 그 어떤 리더십 컨퍼런스에서도 리더십의 근원에 대해 가르치는 사람은 없었습니다. 그러다가 일 년 전에 참석했던 집회에서 주 강사의 설교를 듣고 매우 은혜를 받았습니다. 그분이 전하는 진리는 저의 영으로 화답이 되었습니다. 그러나 동시에 많은 질문을 낳기도 했습니다.

이 글을 쓰는 시점에 앤드류 워맥 미니스트리에는 1,000명이 넘는 직원이 있고, 국내외 캐리스 바이블 칼리지에는 9,000명이 넘는 학생들이 등록한 상태입니다. 이것을 말씀드리는 유일한 이유는 제가 리더십의 자리에 있다는 것을 증명하고자 함입니다. 저는 그 집회에서 말하던 리더십에 대해 알지 못했었는데 어떻게 이 자리에 이를 수 있었을까요?

그것을 생각하고 있을 때 주께서 저에게 보여주신 것이 있었고, 그것이 제 안에 리더십에 대해 나누고자 하는 열정을 불붙여 주었습니다. 그리고 제가 나눌 내용은 제 삶에 역사했기 때문에 여러분에게도 역사할 것을 저는 확신합니다.

저는 모든 사람들이 어느 정도의 리더십을 발휘하도록 부르심 받았다고 믿습니다. 우리 모두는 우리가 생각하는 것보다 다른 사람들에게 더 많은 영향력을 끼치고 있습니다. 영향력이 바로 리더십입니다. 그러나 많은 사람들을 이끄는 리더가 되도록 부르심 받은 사람이라면 그것을 성취하기 위해서 반드시 특별한 기량이 필요합니다. 제가 이 책에서 나눌 10가지 핵심요소를 가지지 못한 사람은 최선의 경우, 부르심을 이루는 것이 고생스러울 것이고 최악의 경우에는 포기할 것입니다.

리더십에 관한 저의 접근 방법은 다른 리더십 책들과 다를 수도 있습니다. 제가 여러분과 나누는 내용은 하나님께서 저에게 개인적으로 계시하신 내용이기 때문입니다. 이 모든 것을 한 번에 깨달은 것은 아닙니다. 수십 년의 사역에 걸쳐 깨달은 것들의 총결산입니다. 만약 여러분이 제가 배운 것들을 자신의 삶에 적용하기만 한다면 하나님의 뜻에 합당한 리더가 되는 것은 당연한 결과가 될 것입니다. 주께서 여러분에게 이 진리들을 계시하셔서 모두 하나님께서 원하시는 리더가 되시길 기도합니다!

01
리더십의 토대

여러분이 놀랄만한 말씀을 드리자면, 저는 리더십을 추구해 본 적이 없습니다. 제가 추구했던 유일한 것은 주님과의 관계입니다. 이것이 핵심요소입니다. 그런데 이것이 그리 대단한 것처럼 들리지 않기 때문에 다들 무시하고 넘기다가 좋은 리더가 되지 못하는 것입니다. 그런 사람들은 가장 중요한 것을 놓친 것입니다. 저의 삶에서 역사했던 모든 것들은 전부 하나님과의 관계에서 시작되었습니다. 하나님과의 관계란 그분과 사귀고, 그분을 예배하고, 그분의 말씀에 귀 기울이는 것입니다. 그 결과 제가 어떻게 해야 할지 모를 때에도 하나님은 저를 돋보이게 해주셨습니다. 그분을 따랐을 뿐인데 그렇게 된 것입니다.

'하나님의 뜻에 합당한 리더십이란 그분을 따르는 것' 이것이 바로 주께서 저에게 계시해 주신 것입니다. 주님과 가깝고 친밀한 관계를 갖는 것 말입니다. 바울도 이렇게 말했습니다.

> 내가 그리스도를 따르는 자가 된 것 같이 너희도 나를 따르는 자가 되라.
>
> 고린도전서 11:1, 킹제임스 흠정역

하나님의 뜻에 합당한 최고의 리더들은 예수님을 참으로 따르는 자들입니다. 사실, 누군가 주님을 따르지 않고 있다면 절대 그런 자들을 따라서는 안 됩니다. 그런 자들은 그 누구를 이끌어서도 안 되며 사역 단체는 더더욱 이끌어선 안 됩니다.

주님은 사람들의 삶을 만지길 원하시며 그 일에 당신을 쓰고자 하십니다. 그분은 당신을 통해 역사하실 것이지만 그것은 우리가 누리는 그분과의 관계, 그분을 어떻게 따르고 있는가에 달려있습니다. 사람들이 실패하는 이유가 대부분 여기에 있다고 저는 생각합니다. 주님과의 관계는 건너뛰고 계획과 목표, 위임 같은 것으로 넘어가 버립니다. 그러나 주님과의 관계보다 더 중요한 일은 없습니다. 다시 말씀드립니다. 하나님과의 관계가 핵심요소입니다. 이것이 전부입니다. 제가 장담할 수 있는 것은 주님을 따르는 일에 진정성이 없는 자는 형편없는 리더가 된다는 것입니다. 정말입니다. 모든 리더십의 실패는 주님과의 관계에서 실패한 결과입니다. 주님과 활발한 관계를 가진 사람은 문제가 있을지라도 실패하지 않습니다.

이 책에서 나누는 나머지 모든 것들도 하나님과의 관계에서 나오는 것들입니다. 그렇기 때문에 하나님과의 관계를 무시하고 넘어간다면 제가 나눌 리더십의 나머지 요소들을 아무리 적용한다고 해도 소용없을 것이며 역사하지도 않을 것입니다. 사다리를 생각해 보십시오. 첫 번째 발판이 바로 하나님과의 관계입니다. 그것을 건너뛸 수는 없습니다. 그러나 하나님과의 관계가 튼튼하고 건강하다면 훌륭한 리더십에 필요한 나머지 모든 것들이 거기로부터 나와 채워질 것입니다.

　지금 주님과 참으로 사귀고 있다면 하나님의 뜻에 합당한 리더가 되기 위해 필요한 모든 것들을 주께서 친히 가르쳐 주셔서 당신을 돋보이게 해주실 것입니다. 그렇기 때문에 우리가 할 일은 오직 그분을 따르는 것뿐입니다. 이것은 아무리 강조해도 지나치지 않습니다. 하나님의 뜻에 합당한 리더십이란 그분을 합당하게 따르는 자가 되는 것입니다.

02
겸손

하나님과 친밀하게 가까운 관계를 가질 때 겸손은 그분과의 관계에서 자연스럽게 흘러나옵니다. 이 말은 그분이 우리의 구원자이실 뿐 아니라 우리의 주님이시라는 뜻입니다. 이렇게 생각하는 사람들은 자신을 높이지 않으며 자기의 뜻대로 하지 않습니다. '하나님의 뜻은 상관없어. 내 생각은 이래.' 라고 하는 것은 겸손이 아닙니다. 겸손하지 않은 사람들은 하나님과의 관계가 형편없습니다.

그러나 하나님께 참으로 무릎 꿇어 산 제물이 되었다면 그런 사람들은 겸손합니다. 겸손은 하나님과의 관계에서 나오는 필연적인 결과이기 때문입니다.

저의 평생의 삶은 오직 하나님께서 하라고 하신 일만 하면서 결과는 신경 쓰지 않는 것 위에 세워져 있습니다. 그 어떤 일이 있어도 저는 상관하지 않습니다. 제가 하는 일이 지옥에 있는 모든 귀신들을 화나게 한다고 해도 저는 신경 쓰지 않습니다. 앞으로도 할 수 있는 한 최선을 다해 하나님을 따를 것입니다. 주관자는 제가 아니니까요. 저는 단지 이렇게 말씀드릴 뿐입니다. "하나님, 무슨 일을 하기 원하십니까? 그게 무엇이든 주께서 저에게 요구하시기도 전에, 저의 답은 이미 '예스' 입니다." 하나님께서 무언가 명하셨는데 망설이고 있다면 그것은 겸손하지 않다는 증거입니다. 그것은 하나님을 신뢰하지 못하는 것이며 그런 사람들은 형편없는 리더가 될 것입니다.

베드로는 이렇게 말했습니다.

젊은 사람들아, 너희도 이와 같이 장로에게 복종하고 참으로 다 서로에게 복종하며 겸손으로 옷 입으라. 하나님께서 교만한 자는 물리치시고 겸손한 자에게는 은혜를 주시느니라. 그러므로 하나님의 강한 손 밑에서 스스로 겸손하라. 그리하면 정하신 때에 그분께서 너희를 높이시리라.

베드로전서 5:5-6, 킹제임스 흠정역

이 말씀은 참으로 놀랍습니다! 우리가 거듭난 자들이기에 하나님은 우리를 사랑하십니다. 그분은 절대 우리를 대적하지 않으십니다. 우리의 모든 죄가 예수님께 전가되었습니다. 과거, 현재 그리고 미래의 죄까지도 말입니다. 그럼에도 불구하고 하나님은 우리의 교만을 높이지는 않으십니다.

나는 내 영광을 다른 자에게 주지 아니하며

이사야 42:8, 킹제임스 흠정역

하나님은 지금, 그 무엇도 나누지 않겠다는 이기적인 태도로 말씀하시는 것이 아닙니다. 이 구절을 맥락상 살펴보면 아버지이신 하나님의 말씀으로, 그분은 예수님 외에 어떤 누구와도 그분의 영광을 나누지 않겠다고 말씀하시는 것입니다. 예수님께서 우리를 위해 하신 일로 인해 모든 영광이 예수님께로만 가는 것입니다. 우리가 자기 스스로를 높이려 한다면 결국에는 하나님께서 대적하시는 대상이 되는 것이며 리더로서도 실패하게 될 것입니다.

베드로전서 5장 6절에서 '스스로를 겸손하게 하라'고 한 것을 주목하십시오. 스스로를 낮추는 것은 겸손humility 입니다. 그러나 낮춤을 당하는 것은 수치humiliation입니다. 하나님께서 우리에게 수치를 주시는 것이 아닙니다. 그분은 우리를 인도하시며 깨닫게 하십니다. 어쩌면 압박을 느끼게 하실지도 모릅니다. 그러나 우리를 강압적으로 낮추지는 않으십니다. 그런데 어떤 사람들은 자신을 겸손하게 하면 절대 높임을 받지 못할 거라고 생각합니다. 그것은 사실이 아닙니다. 하나님의 방법대로 하면 하나님께서 아무도 닫지 못할 문을 열어주십니다(계 3:8). 그리고 그것이 계속 열려 있도록 하기 위해 우리가 해야 할 일은 아무것도 없습니다. 그러나 스스로를 높였다면 모든 부담과 책임이 자신에게 주어집니다.

> 너희 염려를 다 주께 맡기라 이는 그가 너희를 돌보심이라
>
> 베드로전서 5:7

염려하지 않는 것과 겸손은 서로 연결되어 있습니다. 겸손한 사람은 모든 염려를 하나님께 맡깁니다. 부담에 눌려 있거나, 스트레스를 받거나, 문제를 어떻게 해결할지 몰라서 잠 못 든다면 그것은 겸손하지 않다는 증거입니다. 자기가 염려를 지고 있기 때문입니다. 말하자면, 자신이 하나님을 도와야 한다고 생각하는 것입니다. 그런 사람은

[**겸손한 사람은 모든 염려를 하나님께 맡깁니다.**]

하나님과의 관계에 문제가 있다는 것을 알 수 있습니다.
하나님과의 관계가 활발하지도 않고 견고하지도 않습니다.
그러나 하나님과 좋은 관계를 가지고 있으면 걱정하지 않습니다. 하나님께서 그 염려들을 그분께 맡기도록 가르쳐 주시기 때문입니다. 이것이 겸손입니다.
잠언 13장 10절은 이렇게 말합니다.

> 오직 교만에 의해서 다툼이 생기나 …
>
> 잠언 13:10, 킹제임스 흠정역

다툼이 생기는 유일한 이유는 교만 때문입니다. 사람들이 자기 자신의 뜻을 높이는 것이지요. 만약 모든 사람이 겸손함으로 하나님께 순복한다면 우리는 연합과 사랑으로 행하게 될 것입니다. 그렇다고 해서 우리가 다른 사람들 안에 있는 교만을 컨트롤할 수 있다는 말은 아닙니다. 다만 우리가 누군가에게 화가 나 있거나 용서하기를 힘들어 한다면 그것은 우리가 겸손하지 않기 때문이라는 말입니다. 그것은 우리가 자기 자신만을 생각하고 있다는 뜻이니까요. 그러나 우리가 자아에 대하여 죽으면 사람들이 우리를 사랑하든 아니든 상관이 없습니다. 이런 사람은 강력한 리더가 됩니다.

사도 바울은 이렇게 말했습니다.

이는 내게 사는 것이 그리스도니 죽는 것도 유익함이라
빌립보서 1:21

이러한 태도 때문에 바울의 사역이 그토록 효과적이었던 것입니다. 감옥과 죽음의 위협 앞에서도 그는 흔들리지 않았습니다. 그에게는 죽는 것이 사는 것보다 더 좋은 것이었기 때문입니다.

자기 자신에 대해 죽은 사람을 어떻게 위협할 수 있겠습니까? 자기 자신보다 하나님을 더 사랑하는 사람을 어떻게 위협할 수 있겠습니까? 그런 사람을 감옥에 가둬 보십시오. 그러면 곧 감옥에 있는 모든 사람들을 거듭나게 할 것입니다. 그러나 바울도 우연히 그렇게 된 것은 아닙니다. 그가 너무 대단한 사람이라서 겸손할 수 있었던 것도 아닙니다. 그가 가졌던 하나님과의 관계가 그를 완전히 사로잡았고 겸손은 그에 따른 자연적인 결과였습니다. 만약 우리가 감옥에 갇힌다면 대부분은 그 상황에 대해 불평불만하고 있을 것입니다. 그런데 바울은 감옥에서 빌립보서를 썼습니다. 그리고 기쁨에 대해 17번이나 언급했습니다. 빌립보서는 그의 서신들 중에 가장 행복한 서신입니다. 우리도 하나님과의 관계로 인해 자신을 겸손하게 한다면 그가 경험했던 바로 그 기쁨을 누릴 수 있을 것입니다.

03
성숙한 인격과 견고한 도덕성

주님과 친밀한 관계를 가졌다면 겸손은 그에 따른 결과로 옵니다. 그리고 진정으로 겸손하다면, 그러니까 자기 자신보다 하나님께 더 헌신되어 있다면 성숙한 인격 character과 견고한 도덕성 integrity을 가지게 될 것입니다. 성숙한 인격과 견고한 도덕성은 하나님과 성경적 원리를 자기 자신보다 앞세울 때 결과적으로 오는 것입니다.

자신의 인격과 도덕성을 어느 날 갑자기 타협하겠다는 사람이 있을까요? 대부분의 사람들이 의도적으로 '오늘은 거짓말을 해야지, 횡령을 해야지, 불륜을 저질러야지.'라고 하면서 자신의 리더십을 망쳐버리진 않습니다. 그런 사람들은 하나님보다 자기 자신에게 더 헌신되어 있습니다. 그렇기 때문에 자기에게 위협적으로 보이는 상황에 처할 때 자신의 도덕성을 타협하려는 유혹을 받는 것입니다.

성숙한 인격과 도덕성은 절대 넘어선 안 될 경계선 같은 것들입니다. 견고한 도덕성을 가진 사람들은 상황과 타협하여 유혹에 넘어갈 것인가를 결정해야 하는 상황에 이르기 전에 이미 하나님께 헌신된 상태에 머무르기로 결단이 된 사람들입니다. 이런 사람들은 하나님의 말씀이 그들의 삶을 다스리게 하고 하나님의 말씀으로 자신을 세워서 결과가 어떻든 바른 선택을 하는 사람들입니다. 이런 사람들은 딴마음을 먹지 않습니다. 원칙대로 안 될 경우를 대비하여 두 번째, 세 번째 계획까지 다 세워 놓은 그런 사람들이 아닙니다. 하나님과의 관계가 견고하면 인생은 심플해집니다. 아침에 일어날 때마다 '하나님, 어떻게 해야 될까요?'라며 고민하지 않습니다. 이처럼 하나님과의 관계가 견고한 사람은 성숙한 인격과 견고한 도덕성을 가지게 될 것이며 그 결과 자신이 이해한 만큼, 자기의 능력을 최대치로 발휘하여 하나님께서 하라고 하신 것을 할 것입니다!

  하나님께서 성숙한 인격과 견고한 도덕성을 가진 사람들만 높이시는 이유에는 여러 가지가 있겠지만 그중에 하나는 우리를 사랑하시기 때문이라고 저는 믿습니다. 오늘날 세상에서는 자신의 능력보다 더 높아지는 경우가 일반적입니다. 그러나 하나님은 절대 그렇게 일하지 않으십니다. 그것은 우리를 상하게 하기 때문입니다. 우리는 자신의 수준을 알고 그 자리에서 만족할 줄 알아야 합니다. 그것이 성숙입니다. 얼마나 높이 올라가느냐가 중요한

> **우리는 자신의 수준을 알고
> 그 자리에서 만족할 줄 알아야 합니다.
> 그것이 성숙입니다.**

것이 아닙니다. 하나님께서 우리에게 원하시는 것을 하는 것이 중요합니다. 다시 말씀드리자면, 이 모든 것은 하나님과의 관계로 귀결됩니다. 우리가 쓰임 받기 원하는 것보다 하나님께서 더 우리를 사용하고 싶으시다는 것을 저는 확신합니다. 그러나 주님은 우리가 실패하기를 원치 않으십니다. 우리가 스트레스 받는 것도 원치 않으십니다. 그렇기 때문에 하나님께서 우리를 다음 단계로 인도해 주지 않으셨다면, 그것은 우리가 그 자리에 맞게 준비되지 않았기 때문입니다.

70년대 초반 일인데 주께서 처음으로 저의 삶을 만지셨을 때, 저의 기도는 이런 식이었습니다. "주여, 저를 사용하여 주시옵소서." 그때 저는 개인적으로 전도를 열심히 했고 그로 인해 많은 사람들이 거듭났습니다. 하지만 저의 사역은 너무나 보잘것없었습니다. 말씀을 전할 기회가 도무지 주어지지 않았습니다. 마침내 어느 날 주께서 저에게 말씀하셨습니다. "내가 너를 쓰지 않는 이유는 네가 쓸 만하지 않아서 그렇다. 그러니 '저를 사용하여 주시옵소서.' 라고 기도하지 말고 '저를 쓸 만한 자로 만들어

주시옵소서.'라고 기도하여라." 그 이후로 저는 단 한 번도 하나님께 저를 사용해 달라고 기도한 적이 없습니다. 이것이 여러분을 놀라게 했을 수도 있지만 저는 이렇게 하는 것이 맞다고 생각합니다. 그때부터 저는 하나님께서 말씀하시는 것은 무엇이든 순종하는 훈련을 했습니다. 그러나 슬프게도, 대부분의 그리스도인들에게는 주께서 하라고 하시는 것이라면 무엇이든 하겠다는 자세가 없으며 그렇기 때문에 쓰임 받지 못하는 것입니다.

하나님께서 우리를 사용하지 않으시는 또 다른 이유는 하나님은 다른 사람들도 사랑하시기 때문입니다. 그분은 인격에 문제가 많은 자에게 사람들을 맡기지 않으십니다. 완벽해야 한다는 말이 아닙니다. 최종 목적지에 도착한 사람은 없겠지만 최소한 출발은 했어야 합니다. 사람들에게 상처만 주는 사람을 하나님께서 높여주실 수는 없습니다. 그러니 먼저 주님과 가까워져야 합니다. 그러면 주께서 우리의 인격적 문제를 다루실 수 있습니다.

당신이 리더라면, 그리고 리더십에 올릴 사람을 찾고 있다면 나쁜 태도를 가진 사람을 리더로 세우지는 마십시오.

말씀은 거만한 자를 쫓아내면 다툼도 그친다고 했습니다 (잠 22:10). 거만한 자는 교만한 자입니다. 오로지 자기 자신만 생각하는 사람입니다. 거만한 자를 승진시켰다면 자기 무덤을 판 격입니다! 그 사람에게 합당하지 않은 권세를 그에게 준 것입니다. 그것은 그 사람뿐만 아니라 주변 사람들까지 상하게 할 것입니다.

그렇기 때문에 성숙한 인격의 소유자가 아니거나 스트레스와 비난에 무너져 버릴 사람이라면 (이 책 뒷부분에서 설명할 내용인데) 그런 사람은 하나님께서 높여주지 않으십니다. 성숙한 인격은 주님과 활발한 관계를 가진 사람에게 결과적으로 주어지는 것입니다. 주님을 사랑하고 겸손하며 주께서 하라고 하신 일이라면 무엇이든 하려고 한다면 거기로부터 성숙한 인격이 나올 것입니다. 저절로 그렇게 됩니다.

04
하나님의 음성을 듣는 것

 하나님과의 친밀한 관계를 통해 말씀으로 경계를 정한 사람이라면 하나님께서 말씀하실 때 그 음성을 놓치지 않습니다. 하나님은 항상 말씀하고 계시기 때문입니다. 그러나 하나님과의 관계가 형편없다면 그분의 음성에 귀 기울이지 않을 것이고 그 결과 잘못된 음성을 듣게 될 것입니다.
 성경은 이렇게 말합니다.

너는 마음을 다하여 여호와를 신뢰하고 네 명철을 의지
하지 말라 너는 범사에 그를 인정하라 그리하면 네 길을
지도하시리라

잠언 3:5-6

세상에는 많은 음성들이 존재합니다. 리더로 부르심을 받은 사람들은 둘 중의 하나입니다. 자신의 마음을 따라 사람들을 이끌거나 아니면 하나님의 마음을 따라 사람들을 이끌게 됩니다. 그래서 우리에게 "그를 인정하라"고 말씀하신 것인데(잠 3:6), 이것은 히브리어로 "하나님을 친밀히 알라"라는 뜻입니다. 내가 다른 사람들을 이끄는 데 있어서 하나님의 인도를 받으려면 그분을 친밀히 알고 그분의 음성을 들을 수 있어야 합니다. 그렇게 되려면 하나님과 적극적으로 가까이하는 관계가 필요합니다.

> 우리가 가진 문제 중에
> 하나님께서 말씀하지 않으시거나
> 해결책을 주지 않으실 문제는 없습니다.

우리가 가진 문제 중에 하나님께서 말씀하지 않으시거나 해결책을 주지 않으실 문제는 없습니다. 예수님은 이렇게 말씀하셨습니다.

> 내 양은 내 음성을 들으며…
> 요한복음 10:27

주님은 그들이 그분의 음성을 **들을 수 있다**고 하지 않으셨습니다. 하나님의 양들은 그분의 음성을 **듣습니다**. 주님은 항상 말씀하고 계시기 때문입니다. 우리가 항상 귀 기울이지 않는 것이 문제입니다. 그러나 하나님께서 하시는 말씀을 듣고자 할 때도 이 세상의 소음이 작고 세미한 그분의 음성을 묻어버릴 수 있습니다. 그 문제의 해결책은 주님과의 관계를 통해 친밀함을 갖는 것입니다. 예수님은 이렇게 말씀하셨습니다.

> 세상의 염려와 재물의 유혹과 기타 욕심이 들어와 말씀을 막아 결실하지 못하게 되는 자요
> 마가복음 4:19

우리는 다른 모든 것들을 제쳐두고서 의식적으로 주님께만 집중해야 합니다. 기적적이고 극적인 것들 속에서만 주님을 찾는다면 우리 내면에서 들리는 작고 세미한 음성을 놓치게 될 수도 있습니다.

열왕기상 19장 12절에서 하나님은 엘리야를 지나가셨고 거기에는 지진과 바람 그리고 불이 있었습니다. 그러나 하나님은 그 가운데 어디에도 계시지 않았습니다. 그리고 성경 말씀은 하나님께서 작고 세미한 음성으로 그에게 말씀하셨다고 합니다. 이 말은 하나님의 음성을 듣기 위해서 엘리야가 귀를 기울여야 했다는 뜻이라고 생각합니다. 오늘날, 우리는 너무 바쁜 나머지 주님의 음성을 놓치곤 합니다. 시편 46편 10절은 '잠잠하여 내가 하나님인 것을 알라'고 했습니다(현대인의성경). 나 자신을 구별하여 하나님과의 관계에 나를 드리면 반드시 그분의 음성을 듣게 될 것입니다. 그렇게 하면서도 하나님의 음성을 듣지 못한다는 것은 불가능한 일입니다.

05
비전

하나님과의 관계에서 나오는 또 다른 것 하나는 바로 비전입니다.

잠언 29장 18절은 이렇게 말합니다.

비전이 없는 곳에서는 사람들이 멸망하리라

KJV, 역자 직역

이 책의 서문에서 언급했듯이, 리더십에 관해 가르치는 사람들은 대부분 비전을 리더십의 가장 첫 번째 덕목으로 소개하곤 합니다. 물론 비전은 중요합니다. 그러나 비전도 하나님과의 관계에서 결과적으로 나오는 것이 적절한 순서입니다. 만약 비전을 첫 번째 것으로 시작한다면 자기의 비전을 취하거나 아니면 다른 사람의 비전을 취하게 될 것입니다. 그런 이유 때문에 어떤 리더들은 다른 리더들을 흉내 내는 것입니다. 하나님과 친밀한 관계를 갖지 못했기에 다른 사람들이 하는 일을 따라 하는 것입니다. 그러나 우리는 하나님으로부터 온 비전을 가져야 하며 이러한 비전은 오직 그분과의 친밀한 관계에서 나옵니다.

내가 가진 비전이 하나님에게서 왔는지를 판단하는 방법은 그것을 이루어내야 한다는 압박을 느끼고 있느냐 하는 것입니다. 만약 압박을 느낀다면 그것은 하나님으로부터 오지 않았을 가능성이 있습니다. 절대적으로 그렇다는 말은 아니지만 저의 경험으로 볼 때, 아마도 그럴 것입니다. 아니면 적어도 주님께 모든 염려를 맡기지 못한 상태인데 그것 역시 겸손의 문제입니다. 대부분의 경우, 일반적으로 하나님으로부터 온 비전을 이루는 데는 그것을 해야만 한다는 압박이 없습니다. 비전은 주님과의 친밀한 관계의 결과로 이루어지고 하나님께서 하라고 하신 일만 따라갈 때 이루어지기 때문입니다.

우리가 우드랜드 파크에 토지를 매입하려 할 때 우리 단체 중직 5명과 그 땅을 보러 갔었습니다. 그때 부동산 사람이 와서 "땅 주인이 벌써 계약을 했어요. 입찰을 하려면 오늘 꼭 하셔야 합니다!"라고 했습니다. 저로 하여금 당장 결정을 하게 만들려는 속셈이었는지 그것은 알 수 없지만 그때 우리 직원이 어떻게 할 것이냐고 물었을 때 저는 이렇게 답했습니다. "기도해 볼 겁니다. 이 땅이 만약 주님이 우리에게 주신 땅이라면 주님의 응답을 들은 후에도 이 땅은 여전히 팔리지 않고 있을 거예요. 만일 이 땅이 주께서 우리에게 주신 땅이 아니라면 더 좋은 것을

> **하나님과의 친밀한 관계 안에 있으면 비전이 이루어지도록 애쓸 필요가 없습니다.**

주실 겁니다." 이러한 저의 태도를 본 우리 직원 하나가 이렇게 말했습니다. "이것이 하나님 뜻이라는 것을 저는 알 수 있어요. 목사님이 어떤 압박도 받지 않으니까요. 육신으로 행하고 있지 않으십니다." 하나님과의 관계가 견고하다면 비전을 성취시키려 할 필요가 없습니다. 그것은 그분의 비전이니까요!

이 글을 쓰는 시점에도 하나님께서는 우리 사역에 대한 큰 비전들을 보여주고 계십니다. 그리고 이것이 하나님으로부터 왔다는 것을 확신하는 이유는 제가 그 비전을 이루어내야 한다는 압박을 느끼지 않는다는 것입니다. 그렇다고 제가 가만히 앉아서 구경이나 하겠다는 뜻은 아닙니다. 하나님께 그분의 지혜를 구하고 있지만 이 일을 이루어내야 할 압박은 저에게 없습니다. 주께서 저에게 뭔가를 보여주실 때는 먼저 큰 그림을 보게 된다는 것을 깨달았습니다. 그러면 저는 이렇게 합니다. "좋아, 이 모든 것을 한 번에 이룰 수는 없어. 그렇다면 첫 번째 단계는 무엇일까?" 그런 다음 또 그 다음 단계를 생각합니다. 기억하십시오. 코끼리를 한 번에 다 먹을 수는 없습니다.

한 번에 한입씩 먹어야 합니다.

비전이란 간단히 말해, 우리의 삶을 향한 하나님의 뜻입니다. 우리의 삶을 하나님께 드리고 자신을 겸손케 하여 그분의 리더십을 따르면 그것이 우리로 하여금 하나님께서 하시는 말씀을 듣게 할 것입니다. 그러면 비전을 볼 수 있을 것이고 그것을 따라갈 수 있을 것입니다.

06
기름부음

　기름부음이란 겉으로 드러난 하나님의 임재 또는 겉으로 드러난 하나님의 능력입니다. 하나님과의 관계로 말미암아 우리를 통해 흘러가는 기름부음을 저절로 갖게 됩니다. 무슨 말이냐면 자신의 힘과 능력으로 하는 일과 주님의 능력으로 하는 일에는 분명한 차이가 있다는 것입니다. 물론 하나님은 항상 우리와 함께하시며 우리를 떠나지도, 버리지도 않으십니다(히 13:5). 하지만 그분의 능력과 임재가 항상 겉으로 드러나는 것은 아닙니다.

바울은 이 원리를 고린도전서에서 설명하고 있습니다.

> 주께서 허락하시면 내가 너희에게 속히 나아가서 교만한 자들의 말이 아니라 오직 그 능력을 알아보겠으니 하나님의 나라는 말에 있지 아니하고 오직 능력에 있음이라
>
> 고린도전서 4:19-20

바울은 1장에서 4장까지 먼저 교리를 설명한 뒤, 다음과 같은 결론을 내렸습니다. "자, 이제 내가 가면 말만 하는 것은 끝이고 누가 기름부음을 가졌는지 볼 것이다. 누가 삶 가운데에서 실제로 역사하는 능력을 가졌는지 볼 것이다. 증명할 수 없다면 입을 다물어야 할 것이다." 이처럼 우리가 하는 말과 우리가 하는 일이 하나님의 기름부음을 받은 것이라는 사실을 우리는 증명할 수 있어야 하고 그것은 사람들이 볼 수 있게 나타나야 합니다. 예수님은 이적과 표적으로 하나님의 인정을 받았다고

말씀이 증거하고 있으며(행 2:22), 하나님은 그분을 따르는 사람들을 통해 이적과 표적을 행하셔서 말씀을 확증한다고 하셨습니다(히 2:4).

하나님으로부터 난 것은 모두 기름부음을 받았습니다. 기름부음은 기도해서 받는 것이 아닙니다. 기름부음은 주님과의 친밀한 관계를 통해 얻는 것이며 자신을 겸손하게 하고, 견고한 도덕성을 소유하고, 그분의 음성을 듣고 비전을 가지게 될 때 얻는 것입니다. 하나님의 기름부음은 저절로 표출됩니다. 저는 절대 하나님께 기름부어 달라고 구하느라 시간을 낭비하지 않습니다. 고린도후서 1장 21절을 보면 하나님께서 이미 저에게 기름을 부으셨기(과거시제) 때문입니다. 제가 만일 제 나름의 일을 하면서 하나님으로 하여금 그 일을 축복하시게 하려고 애를 쓴다 해도 그렇게 되지 않을 것입니다. 그러나 하나님께서 하라고 하신 일을 한다면 그 일은 이미 기름부음을 받은 상태입니다.

능력 있는 리더가 되려면 이러한 하나님의 기름부음이 그 사람의 삶에 나타나야 하며, 이런 사람을 대적하는 자는

> 능력 있는 리더가 되려면
> 이러한 하나님의 기름부음이 그 사람의 삶에
> 나타나야 하며 이런 사람을 대적하는 자는
> 하나님을 대적하는 것이 됩니다.

하나님을 대적하는 것이 됩니다. 모세의 누이 미리암과 형제 아론이 모세를 대적했을 때 주님은 미리암을 문둥병으로 치셨습니다(민 12:1-13). 모세의 삶에는 하나님의 능력이 나타났는데도 불구하고 그들이 하나님께서 기름부은 자를 대적하는 말을 했기 때문에 그런 결과를 당한 것입니다. 우리도 이러한 하나님의 기름부음이 우리에게 있음을 알고 하나님의 능력을 담대하게 나타낼 수 있어야 합니다. 이것은 우리를 따르는 사람들에게 중요한 부분이기 때문입니다. 그러나 다시 강조하지만 이 모든 것은 하나님과의 관계에서 흘러나오는 것입니다.

07

인내

어떤 사람들은 잠깐 동안 분출하는 믿음을 표현하기도 하지만 인생은 마라톤이지 단거리 달리기가 아닙니다. 하나님적인 인내는 긴 시간 지속되는 믿음을 갖는 것입니다. 그렇기 때문에 그분을 기뻐하면서 그분과 사귀고 있다면 다른 이들을 이끌 때도 인내는 쉽고 자연스런 결과입니다. 이렇게 아주 단순한 이치입니다. 우리는 인내로 주님을 바랄 수 있어야 합니다. 인내는 성경 말씀에서 옵니다.

무엇이든지 전에 기록된 것은 우리의 배움을 위하여 기록되었으니 이것은 우리가 성경 기록들이 주는 인내와 위로를 통해 소망을 가지게 하려 함이니라.

로마서 15:4, 킹제임스 흠정역

또한 히브리서를 보면 이렇게 말합니다.

… 믿음과 인내를 통해 약속들을 상속받는 자들을 따르는 자들이 되게 하려 함이라.

히브리서 6:12, 킹제임스 흠정역

그냥 주저앉아서 하나님이 일하시길 기다리는 것이 인내라고 생각하는 사람들이 많습니다. 그런 것은 인내가 아닙니다. 게으름입니다.

오직 여호와를 앙망하는 자는 새 힘을 얻으리니…

이사야 40:31

이것은 마치 웨이터가 손님들의 사소한 움직임까지 주의 깊게 바라보면서 최선을 다해 시중드는 것과 같습니다. 이것이 바로 주님을 앙망하는 방법입니다. 이것은 적극적인 행동이지 수동적인 행동이 아닙니다. 능동적인 것입니다.

성숙한 리더는 인내해야 하는 순간을 축복으로 여깁니다. 조급함은 하나님의 뜻이 성취되는 것을 막기 때문입니다. 말씀에도 이렇게 나와 있습니다.

> 그러나 인내를 온전히 이루라. 이는 너희가 온전하고 잘 갖추어져 아무것도 부족함이 없게 하려 함이라.
>
> 야고보서 1:4, 한글킹제임스

하나님은 우리 삶 가운데서 모든 일을 즉시 행하지는 않으신다는 사실을 배워야 합니다. 저도 이 부분에 있어서 아직 완벽하진 않지만, 이제 시간이 얼마나 걸리든 그것은 저에게 그리 큰 문제가 아닙니다. 저는 항상 하나님만을 구하며 그분을 따라갑니다. 저는 제 삶을 향한 그분의 뜻이 이루어질 것을 압니다. 그러나 언제 이루어질지 항상 아는 것은 아닙니다. 잠언은 이렇게 말합니다.

소망이 더디 이루어지면 그것이 마음을 상하게 하거니와
소원이 이루어지는 것은 곧 생명 나무니라

잠언 13:12

언제까지 꼭 이루어져야 한다고 시간을 정해두면 부담과 실망, 실패를 겪을 수밖에 없습니다. 하나님은 우리의 성숙을 확인하고 계시며 그것은 그분과의 관계에서 오는 것입니다. 하나님께 협조하면 할수록 더 빠르게 일이 진척될 것이라고 저는 믿습니다. 그러나 사역은 전자레인지에 음식을 데우듯 할 수 있는 것이 아닙니다. 하나님의 나라는 그렇게 운영되지 않습니다.

예수님은 이렇게 말씀하셨습니다.

… 처음에는 싹이요 다음에는 이삭이요 그 다음에는
이삭에 충실한 곡식이라

마가복음 4:28

또한 로마서 12장 2절은 하나님의 뜻에도 선한 것, 기뻐하시는 것, 그리고 온전한 것이 있다고 합니다.

자라고 성숙해지는 데는 시간이 걸립니다. 각각의 단계도 있습니다. 성숙한 리더는 "하나님께서 시간을 너무 많이 끄시네."라면서 그 단계들에 저항하지 않습니다. 말씀은 하나님께 순복하라고 합니다(약 4:7). 그런데 어떤 사람들은 이렇게 말합니다. "저도 그건 압니다. 그런데 그 구절에서 마귀를 대적하라고도 하지 않습니까?" 맞습니다. 그런데 하나님께 순복한 상태를 유지하는 것이 마귀를 대적하는 것입니다. 바울도 이렇게 말했습니다.

> 그러므로 나 바울은 한번 두번 너희에게 가고자 하였으나 사탄이 우리를 막았도다
>
> 데살로니가전서 2:18

이렇게 마귀에게 방해를 받는 경우도 있고 야고보서 4장 7절에서 말하듯 그를 대적해야 하는 것도 맞습니다. 그러나 리더십 자리에 있는 사람들 중에 대부분은 마귀

> 리더십 자리에 있는 사람들 중에 대부분은 마귀에게 방해를 받고 있는 것이 아니라 하나님의 절차를 인내로 따르지 못하고 있는 것입니다.

에게 방해를 받고 있는 것이 아니라 하나님의 절차를 인내로 따르지 못하고 있는 것입니다. 제가 앞서 겸손에 대해 언급했듯이 하나님은 "때가 되면" 우리를 높여 주십니다(벧전 5:6). 무엇이든 때가 있는데 그것은 마귀의 방해 때문이 아니라 우리의 성숙함의 여부에 달린 것입니다.

조급한 것은 하나님과의 관계가 결핍되어 있다는 증거입니다. 자기만의 계획agenda을 가지고 있기 때문입니다. 그 일들이 지금 당장 이루어지길 바라는 것이지요! 하나님의 뜻과 그분의 때에는 관심이 없습니다. 그런 사람들을 정죄하려는 것이 아니라 하나님의 뜻에 합당한 리더십에 있어서 정말로 중요한 것이 무엇인지, 그것을 상기시키려는 것입니다. 우리에게 필요한 모든 자질의 원천은 하나님과의 관계입니다. 성숙한 리더의 특징 중 하나는 그들이 조급하지 않다는 것입니다.

다시 마가복음 4장으로 돌아가서, 추수의 때가 되면 농부는 즉시 낫을 댑니다(막 4:29, 킹제임스 흠정역). 따라서 인내로 행하는 절차 중의 하나는 거둘 때가 언제인지 아는 것입니다. 추수할 것을 밭에 내버려둘 수는 없는 일입니다. 여기서 다시 강조되는 것은 인내는 소극적인 것이 아니라는 사실입니다. 이것은 마치, 주님이 내리실 명령을 기다리는 웨이터와 같습니다. 주께서 "지금이다"라고 하시면 심은 것을 거두러 갈 준비가 되어 있어야 합니다!

08

포기하지 말라

하나님과 가깝고 친밀한 관계를 가진 리더는 포기하기를 거부합니다. 우리의 영 안에는 포기가 없습니다. 만약 포기하고 싶은 마음이 든다면 그것은 빨간불이 켜진 것으로, 하나님과의 관계가 형편없어져서 우리의 영 안에 있는 것들이 밖으로 나오지 못하고 막혀 있다는 증거입니다. 만약에 지금, 포기하기 직전이라면 그것은 성령 안에서 행하고 있지 않다는 증거입니다(갈 5:16). 그 말은 곧 육신을 따라 행하고 있다는 뜻이며 자신의 힘과 능력을 따라 달려왔다는 의미입니다.

전에 경비행기를 탄 적이 있었는데, 조종사가 갑자기 기겁을 하며 몸을 웅크린 채 소리쳤습니다. "오 마이 갓! 우리는 이제 죽어요!" 그러고는 조종을 멈춰버렸습니다! 저는 그 상황을 어떻게 벗어날지 궁리해야 했고 조종사가 웅크리고 있는 동안 한 시간이나 직접 비행기를 조종해야 했습니다. 달리 방도가 없었으니까요. 저는 끝까지 최선을 다했습니다. 이처럼 우리 모두가 다른 길은 없다는 사실을 굳게 붙잡고서 하나님을 따르는 일에 끝까지 최선을 다해야 합니다.

주님과의 관계가 너무 견고한 나머지 포기는 생각조차 할 수 없는 상태가 되어야 합니다. 생각할 수 없는 일은 하지 않을 것이기 때문입니다.

> 우리 모두가 다른 길은 없다는 사실을
> 굳게 붙잡고서 하나님을 따르는 일에
> 끝까지 최선을 다해야 합니다.

주께서 저에게 보여주신 위대한 진리 중 하나는 히브리서에 나오는 아브라함과 사라에 관한 이야기입니다.

> 그들이 나온 바 본향을 생각하였더라면 돌아갈 기회가 있었으려니와
>
> 히브리서 11:15

그들에게 고향으로 다시 돌아가는 것은 죄였습니다. 그것은 포기하는 것이니까요. 그러나 포기하는 것은 아예 생각조차 하지 않았기에 그들은 포기하려는 시험에 들지 않았습니다. 이렇듯 하나님과 친밀한 관계를 가지면 하나님의 뜻에 너무 집중한 나머지 다른 대안들은 고려하지도 않을 것이고 그러한 자세가 하나님의 뜻에 합당한 리더십을 만들어 낼 것입니다.

아내와 저는 이미 수십 년 전에, 이전으로 돌아갈 기회들을 모조리 불태워 버렸습니다. 안 될 경우를 대비한 두 번째, 세 번째 계획은 없습니다. (이것은 제가 견고한 도덕성에 대해 말씀드린 것과 맞물립니다.) 우리는 타협

하지 않을 것입니다. 포기하지도 않을 것입니다. 사실, 어떠한 대안도 없는 것은 실제로 매우 위안이 되는 일입니다. 그런데 처음부터 이렇게 하지는 못합니다. 하나님과 친밀한 관계를 소유하지 못했다면 포기하고자 하는 시험에 들게 될 것입니다. 그러나 포기하지 않기로 결단한다면 결국에는 승리할 것입니다. 바울은 이렇게 말했습니다.

> … 포기하지 아니하면 때가 이르매 거두리라
>
> 갈라디아서 6:9

항상 이렇게 되는 법입니다. 사단이 대적하여 올 수도 있고 골치 아픈 일들이 있을 수도 있겠지만 제가 장담합니다. 포기하지만 않으면 승리합니다. 주님과 견고한 관계를 만들어 가십시오. 그러면 주님의 때에 거두게 될 것입니다!

09

핍박과 비난을 이기라

하나님과 훌륭한 관계를 가진 사람들은 압박과 비난을 잘 감당합니다. 누군가 나에게 한 말이 상처가 된다면 내가 가진 하나님과의 관계가 견고하지 못해서 그런 것입니다. 하나님께서 나를 얼마나 사랑하시는지를 안다면 "사람이 나를 싫어한들 무슨 상관인가?"라고 할 테니까요.

저희 집회 중에 어떤 사람이 제가 하는 일은 전부 틀렸다면서 저를 비난한 적이 있었습니다. 그래서 제가 그 사람의 말을 중간에 끊고 이렇게 물었습니다. "당신이 하나님입니까?" 그러자 그가 그게 무슨 뜻이냐고 물었습니다.

"하나님께서 나를 사랑하십니다. 당신의 생각에는 관심 없어요."

"당신은 내 생각에 관심을 가져야 돼요!"

"당신이 무슨 생각을 하든, 관심 없어요. 하나님께 비하면 당신은 아무것도 아닙니다."

어떤 사람들은 이러한 저의 반응이 너무 심하다고 생각하겠지만 이러한 태도 때문에 저는 사람들의 비난에 무너지지 않을 수 있습니다. 물론 사람들이 저를 미워하는 것은 기분 좋은 일이 아니지만 그것 때문에 잠을 못 자는 일은 없습니다. 여러분도 그래야 합니다. 그렇지 않은 사람들은 리더의 역할이 힘들 것입니다.

> 하나님 뜻에 합당한 리더는
> 의로움과 하나님의 말씀을 위해
> 강경한 입장을 취합니다.

세상에는 온갖 종류의 압박이 있으며 그것이 믿는 자들을 짓눌러 타협하게 합니다. 이런 상황에서 사람들의 의견은 어떤지 항상 살피는 사람은 형편없는 리더입니다. 하나님 뜻에 합당한 리더는 의로움과 하나님의 말씀을 위해 강경한 입장을 취합니다. 이런 리더는 사람들의 비난과 압박에 굴복하지 않습니다. 예수님도 이렇게 말씀하셨습니다.

> 너희가 서로 영광을 취하고 유일하신 하나님께로부터 오는 영광은 구하지 아니하니 어찌 나를 믿을 수 있느냐
>
> 요한복음 5:44

사람들의 인정을 의지하고 있습니까? 누군가에게 칭찬을 들어야만 자신에 대해 좋게 생각할 수 있습니까? 그렇다면 참된 믿음을 가지지 못한 것입니다. 예수님의 말씀이 바로 그 뜻입니다. 사람들의 인정을 갈구하면서 동시에 좋은 리더가 될 수는 없습니다. 말씀은 사람을 두려워하면 올무에 걸리지만 주님을 신뢰하는 자는 안전할 것이라고

했습니다(잠 29:25). 하나님의 뜻에 합당한 리더가 되려면 하나님과의 관계 안에서 높은 자존감을 가져서 다른 사람들의 생각은 신경 쓰지 않을 수 있어야 하고 하나님을 기쁘시게 하는 것을 목적으로 해야 합니다. 그렇게 하려면 사람들의 생각이 아니라 나를 향한 하나님의 생각을 높여야 합니다.

　사람들의 인정에 집착하고 있다는 것은 주님과의 관계가 친밀하지 못하다는 증거입니다. 주님과 친밀한 관계를 가지게 되면 나를 향한 주님의 용납이 사람들의 거절을 압도해 버릴 것입니다. 마치 거대한 파도가 컵 안의 물을 압도하는 것처럼 말입니다.

10
위임

리더십에 대해 얘기할 때, 대부분 위임을 우선순위에 두겠지만 제가 리더십을 배울 때 제일 마지막에 배운 것이 바로 위임입니다. 위임이 중요한 이유는 무언가를 이끌어 가도록 부르심을 받았다면 그것은 결국 나 자신보다 크기 때문입니다. 다른 사람들의 도움 없이 성취할 수 있는 일이라면 그 비전이 하나님에게서 온 것인지 매우 의심스럽습니다.

하나님은 크신 분이며 우리를 향해 큰 비전을 가지고 계십니다. 그 비전이 성취되려면 하나님께 많은 사람들이 필요합니다. 하나님과 좋은 관계를 가지고 있고 높은 자존감을 가진 사람은 다른 사람들에게 권위를 내줘도 자신의 위치를 불안해하지 않습니다. 반면 자존감이 낮은 사람들은 위임하는 것을 매우 힘들어합니다. '사람들이 일을 망치지는 않을까, 내가 직접 하는 것만큼 잘 할까?'라며 걱정하기 때문입니다. 실제로 사람들이 일을 망칠 수도 있습니다. 완벽한 사람은 없으니까요. 자존감 낮은 리더들도 일을 망치지 않습니까? 그런데도 불구하고 하나님은 계속 그들에게 주님의 일을 위임하십니다.

여러분의 리더십 아래에 있는 사람들이 있습니까? 그들이 여러분과 다른 방식으로 하는 일도 있을 것입니다. 그러나 그 일을 시작하신 분이 하나님이시라면 우리가 위임하는 법을 배워야만 하나님께서 그 일을 완성하실 수 있습니다. 우리는 이렇게 고백할 수 있어야 합니다. "하나님, 이 일을 하도록 저를 인도하신 분은 당신임을 믿습니다. 누구에게 위임해야 할지 당신께서 보여주실

> **그 일을 시작하신 분이 하나님이시라면
> 우리가 위임하는 법을 배워야만
> 하나님께서 그 일을 완성하실 수 있습니다.**

것을 신뢰합니다." 그렇게 하면 하나님께서 돌봐주시는 것을 경험하게 될 것입니다. 어떤 사람들은 자신의 비전을 다른 사람들에게 맡기는 것을 심히 두려워합니다. 그러나 세세한 일까지 모두 직접 하고 있다면 결국에는 그것이 당신의 비전을 소멸시킬 것입니다. 주님과의 관계까지도 소멸시킬 것입니다.

자기 자신보다 큰 비전이 아니라면, 자신의 힘으로 성취할 수 있는 것보다 크지 않다면, 평생을 바쳐도 이루지 못할 만큼 큰 비전이 아니라면 그것은 하나님의 뜻을 놓친 것입니다. 사랑으로 이 말씀을 드립니다. 우리가 죽기 전에 주님이 오시지 않는다면 우리는 모두 주님께로 가게 되어 있습니다. 그런데 우리의 사역이 우리 자신을 초월하는 것이 아니라면 그것은 리더로서 실패한 것입니다. 지금 하고 있는 일의 일부를 반드시 다른 사람들에게 맡겨

야만 합니다. 비전을 함께 할 수 있는 사람이 누구인지 기도해 보십시오. 이 부분에서 하나님의 음성을 듣는 것이 필요합니다. 그리고 일단 하나님의 뜻을 들었으면 그 사람을 세워서 일정한 책임을 맡도록 권위를 내주어야 합니다. 사역을 시작한 이후로 저는, 하나님께서 저에게 허락하신 모든 일들을 취해 왔고 지금은 하나님 나라를 위한 하나의 토대를 마련하고 있습니다. 그래서 주님이 허락하시면 저를 통해 시작하신 일이 백 년 뒤에도 견고하게 지속될 수 있도록 말입니다. 그리고 제가 위임하는 법을 배웠기 때문에 그 일은 실제로 일어나고 있습니다. 할렐루야!

결론

이 책 초반에 저는 많은 리더들이 그들의 삶과 사역에서 힘들어하다 실패하는 모습을 많이 봐 왔다고 말씀드렸습니다. 그것은 매우 안타까운 일이지만 사역에는 많은 요구 사항이 있기 때문에 이해도 됩니다. **하나님과의 견고한 관계**를 소유하지 못했다면 사역이 우리를 압도해 버릴 것입니다. 하나님과의 견고한 관계가 우리 안에 **겸손과 성숙한 성품, 그리고 견고한 도덕성**을 만들어 줄 것입니다. 또한 하나님과의 그 관계가 **하나님의 음성**을 듣게 하고 **비전**을 갖게 할 것입니다. 내 능력이 아니라 하나님의 능력인 **기름부음**으로 행하게 될 것입니다. 또한 **인내**를 소유하게 되어 **포기하지 않을 것**입니다. 그 결과 **핍박과 비난을 감당**할 수 있을 것입니다. 이 모든 것을 갖추게 되면 하나님께서 나에게 맡기신 일을 다른 이에게 **위임**할 필요가 있다는 것을 받아들일 만큼 높은 자존감을 갖게 될 것입니다.

  이 모든 것은 하나로 정리됩니다. 마음을 다하고 뜻을 다하고 목숨을 다하고 힘을 다하여 하나님을 사랑하면서 그분이 명하신 일을 한다면 반드시 하나님의 뜻에 합당한 리더가 될 것입니다!

예수님을 구주로 영접하는 기도

예수 그리스도를 구세주로 영접하는 선택은 우리가 평생 내리는 결정 중에 가장 중요한 결정입니다! 하나님의 말씀은 이렇게 약속하고 있습니다.

네가 만일 네 입으로 예수를 주로 시인하며 또 하나님께서 그를 죽은 자 가운데서 살리신 것을 네 마음에 믿으면 구원을 받으리라 사람이 마음으로 믿어 의에 이르고 입으로 시인하여 구원에 이르느니라

로마서 10:9-10

누구든지 주의 이름을 부르는 자는 구원을 받으리라

로마서 10:13

하나님께서는 그분의 은혜로, 우리에게 구원을 주시기 위한 모든 일을 이미 다 완성 해놓으셨습니다. 이제 우리의 할 일은 단지 믿고 받아들이는 것뿐입니다.

이렇게 소리 내어 기도하십시오.

"예수님, 예수님이 나의 주님이시며 나의 구원자이심을 고백합니다. 나는 하나님께서 예수님을 죽은 자 가운데서 살리신 것을 내 마음으로 믿습니다. 나는 지금, 하나님의 말씀을 믿음으로 구원을 받습니다. 저를 구원해 주셔서 감사합니다."

예수 그리스도께 인생을 맡기는 바로 그 순간, 그 말씀의 진리가 즉시 당신의 영 안으로 들어갑니다. 이제 당신은 거듭났으므로 완전히 새로운 사람이 된 것입니다.

새로운 삶을 얻게 된 것을 진심으로 축하하고 환영합니다!

성령세례를 받는 기도

당신을 사랑하시는 하늘 아버지께서는 하나님의 자녀가 된 당신에게 앞으로 새로운 삶을 사는 데 필요한 초자연적인 능력을 주고 싶어 하십니다.

구하는 이마다 받을 것이요 찾는 이는 찾아낼 것이요 두드리는 이에게는 열릴 것이니라 … 하물며 너희 하늘 아버지께서 구하는 자에게 성령을 주시지 않겠느냐

누가복음 11:10-13b

이제 할 일은 구하고, 믿고, 받는 것뿐입니다!

이렇게 기도하십시오.

"아버지, 이 새로운 삶을 살기 위해서는 나에게 하나님의 능력이 필요함을 깨닫습니다. 저를 성령으로 채워 주세요. 이 순간, 나는 믿음으로 성령을 받습니다! 나에게 성령 세례를 주시니 감사합니다! 성령님을 저의 삶에 초청합니다. 성령님을 환영합니다!"

축하합니다! 이제 당신은 하나님의 초자연적인 능력으로 충만해졌습니다!

무슨 말인지 모르는 언어가 마음속에서부터 입으로 솟아오를 것입니다(고전 14:14). 그것을 믿음으로 크게 말할 때 하나님의 능력이 안에서부터 흘러나와 당신을 영적으로 세워줄 것입니다(고전 14:4). 이제, 언제 어디서든지 원할 때마다 방언으로 기도할 수 있습니다.

주님을 영접하는 기도를 했을 때, 그리고 주님의 성령을 받기 위해 기도했을 때 무엇을 느꼈든, 아니면 아무것도 느끼지 못했든 그것은 전혀 중요하지 않습니다. 받은 줄로 마음에 믿으면 받은 것이라고 하나님의 말씀이 약속합니다.

그러므로 내가 너희에게 말하노니 무엇이든지 기도하고 구하는 것은 받은 줄로 믿으라 그리하면 너희에게 그대로 되리라

마가복음 11:24

하나님은 언제나 그분의 말씀을 지키십니다. 그것을 믿으십시오!

저자 소개

1968년 3월 23일 하나님의 초자연적인 사랑을 대면한 뒤, 앤드류 워맥의 삶은 완전히 변화되었습니다. 저명한 교사이자 저자인 앤드류 워맥의 사명은 세상이 하나님을 보는 관점을 바꾸는 것입니다.

그의 비전은 복음을 가능한 널리, 그리고 깊게 전하는 것입니다. 그의 메시지는 TV 프로그램 '복음의 진리Gospel Truth'를 통해 거의 전 세계 인구의 반 이상이 볼 수 있는 상태로 '널리' 전해지고 있습니다. 또한 콜로라도주 우드랜드 파크에 위치해 있는 캐리스 바이블 칼리지Charis Bible College를 통해 '깊게' 전해지고 있습니다. 1994년 설립된 캐리스 바이블 칼리지는 이제 미국 전역과 전 세계에 분교를 세워가고 있습니다.

앤드류 워맥 목사의 설교 자료는 책과 음원, 그리고 영상으로 제작되어 있으며, 앤드류 워맥 미니스트리 홈페이지에 무료로 제공되어 있습니다.

연락처
앤드류 워맥 미니스트리 Andrew Wommack Ministries
홈페이지 www.awmi.net
이메일 info@awmi.net
719-635-1111

캐리스 바이블 칼리지 Charis Bible College
홈페이지 www.charisbiblecollege.org
이메일 admissions@awmcharis.com
844-360-9577

믿음의말씀사 출판물

구입문의 : 031-8005-5483 http://faithbook.kr

■ 케네스 해긴의 「믿음 도서관」 책들
- 새로운 탄생
- 재정 분야의 순종
- 나는 지옥에 갔다 왔습니다
- 하나님의 처방약
- 더 좋은 언약
- 예수의 보배로운 피
- 하나님을 탓하지 마십시오
- 네 주장을 변론하라
- 셀 모임에서 성령인도 받기
- 안수
- 치유를 유지하는 법
- 사랑은 결코 실패하지 않습니다
- 하나님께서 내게 가르쳐 주신 형통의 계시
- 왜 능력 아래 쓰러지는가?
- 다가오는 회복
- 잊어버리는 법을 배우기
- 위대한 세 단어
- 하나님의 은사와 부르심
- 그 이름은 "놀라우신 분"
- 우리에게 속한 것을 알기
- 성령을 받는 성경적인 방법
- 하나님의 영광
- 은혜 안에서의 성장을 방해하는 다섯 가지
- 사랑 가운데 걷는 법
- 바울의 계시: 화해의 복음
- 당신은 당신이 말하는 것을 가질 수 있습니다
- 그리스도 안에서
- 말
- 방언기도의 능력을 풀어 놓으라
- 옳은 사고방식 틀린 사고방식
- 속량 – 가난, 질병, 영적 죽음에서 값 주고 되사다
- 네 염려를 주께 맡겨라
- 예언을 분별하는 일곱 단계
- 절망적인 상황을 반전시키기
- 당신의 믿음을 풀어 놓는 법
- 진짜 믿음
- 믿음이란 무엇인가
- 그리스도께서 지금 하고 계시는 일
- 충분하고도 넘치는 하나님 엘 샤다이
- 금식에 관한 상식
- 하나님의 말씀 : 모든 것을 고치는 치료제
- 가족을 섬기는 법
- 조에
- 당신이 알아야 하는 신유에 관한 일곱 가지 원리
- 여성에 관한 질문들
- 인간의 세 가지 본성
- 몸의 치유와 속죄
- 크게 성장하는 믿음
- 하나님 가족의 특권
- 기도의 기술
- 나는 환상을 믿습니다
- 병을 고치는 하나님의 말씀
- 영적 성장
- 신선한 기름부음
- 믿음이 흔들리고 패배한 것 같을 때 승리를 얻는 법
- 믿음의 선한 싸움을 싸우는 법
- 하나님의 계획과 목적과 추구
- 예수 열린 문
- 믿음의 계단
- 당신을 향한 하나님의 계획
- 역사하는 기도
- 기름부음의 이해
- 내주하시는 성령 임하시는 성령
- 재정적인 번영에 대한 성경적 열쇠들
- 어떻게 하나님의 영으로 인도받을 수 있는가?
- 마이더스 터치
- 치유의 기름부음
- 그리스도의 선물
- 방언
- 믿는 자의 권세(생애기념판)
- 믿음의 양식
- 승리하는 교회

■ E. W. 케년
- 십자가에서 보좌까지 무슨 일이 일어났는가?
- 두 가지 의
- 놀라우신 그 이름 예수
- 하나님 아버지와 그분의 가족
- 나의 신분증
- 두 가지 생명
- 새로운 종류의 사랑
- 그분의 임재 안에서
- 속량의 관점에서 본 성경
- 두 가지 지식
- 피의 언약
- 숨은 사람
- 두 가지 믿음
- 새로운 피조물의 실재

■ 스미스 위글스워스
- 스미스 위글스워스의 천국
- 스미스 위글스워스의 매일묵상
- 위글스워스는 이렇게 했다
- 스미스 위글스워스의 능력의 비밀

■ T. L. 오스본
- 행동하는 신자들
- 기적 - 하나님 사랑의 증거
- 새롭게 시작하는 기적 인생
- 좋은 인생
- 성경적인 치유
- 능력으로 역사하는 메시지
- 100개의 신유 진리
- 24 기도 원리 7 기도 우선순위
- 하나님의 큰 그림
- 긍정적 욕망의 힘
- 당신은 하나님의 최고의 작품입니다

■ 잔 오스틴
- 믿음의 말씀 고백기도집
- 하나님의 사랑의 흐름
- 견고한 진 무너뜨리기
- 초자연적인 흐름을 따르는 법
- 당신의 운명을 바꿀 수 있습니다
- 어떻게 하나님의 능력을 풀어놓을 수 있는가?

■ 크리스 오야킬로메
- 여기서 머물지 말라
- 이제 당신이 거듭났으니
- 당신의 인생을 재창조하라
- 이 마차에 함께 타라
- 그리스도 안에 있는 당신의 권리
- 성령님과 당신
- 성령님이 당신 안에서 행하실 일곱 가지
- 성령님이 당신을 위해 행하실 일곱 가지
- 기적을 받고 유지하는 법
- 하나님께서 당신을 방문하실 때
- 올바른 방식으로 기도하기
- 당신의 믿음을 역사하게 하는 법
- 끝없이 샘솟는 기쁨
- 기름과 겉옷
- 약속의 땅
- 하나님의 일곱 영
- 예언
- 시온의 문
- 하늘에서 온 치유
- 효과적으로 기도하는 법
- 어떤 질병도 없이
- 주제별 말씀의 실재
- 마음의 능력

■ 앤드류 워맥
- 당신은 이미 가졌습니다
- 은혜와 믿음의 균형 안에 사는 삶
- 하나님의 참 본성
- 하나님은 당신이 건강하기 원하십니다
- 영·혼·몸
- 전쟁은 끝났습니다
- 믿는 자의 권세
- 새로운 당신과 성령님
- 노력 없이 오는 변화
- 하나님의 충만함 안에 거하는 열쇠
- 더 좋은 기도 방법 한 가지
- 재정의 청지기 직분
- 하나님을 제한하지 마라
- 하나님의 뜻을 발견하고 따라가며 성취하라
- 하나님의 참 본성
- 하나님의 최선 안에 사는 법
- 리더십의 10가지 핵심요소

■ 기타 「믿음의 말씀」 설교자들
- 성령의 삶 능력의 삶
- 복을 취하는 법
- 주는 자에게 복이 되는 선물
- 믿음으로 사는 삶
- 붉은 줄의 기적
- 당신이 말한 대로 얻게 됩니다
- 예수-치유의 길 건강의 능력
- 성령 안의 내 능력
- 존 G. 레이크의 치유
- 믿음과 고백
- 임재 중심 교회
- 성령충만한 그리스도인의 지침서
- 열정과 끈기
- 제자 만들기
- 어떻게 교회를 배가하는가
- 운명
- 모든 사람을 위한 치유
- 회복된 통치권
- 그렇지 않습니다
- 당신의 자녀를 리더로 훈련하라
- 오순절 운동을 일으킨 하나님의 바람
- 주일 예배를 넘어서
- 신약교회를 찾아서
- 내가 올 때까지
- 매일의 불씨
- 여성의 건강한 자아상

■ 김진호·최순애
- 왕과 제사장
- 새로운 피조물의 실재
- 믿음의 반석
- 새 언약의 기도
- 새로운 피조물 고백기도집(한글판/한영대조판)
- 성령 인도
- 복음의 신조
- 존중하는 삶
- 성경의 세 가지 접근
- 말씀 묵상과 고백
- 그리스도의 교리
- 영혼 구원
- 새로운 피조물
- 믿음의 말씀 운동의 뿌리
- 1인 기업가 마인드
- 내 양을 치라
- 새사람을 입으라